CHRONIQUE

DU

RÈGNE DE MAHOMET II,

PAR CRITOBULE D'IMBROS.

ΚΡΙΤΟΒΟΥΛΟΣ Ο ΝΗΣΙΩΤΗΣ

(Ἰμβριώτης)

ΒΙΟΣ ΜΕΧΕΜΕΤΟΥ ΙΙ

Μέχρι τοῦ ις' ἔτους τῆς αὐτοῦ βασιλείας.

NOTICE

PAR M. UBICINI.

(Extrait de l'Annuaire de l'Association pour l'encouragement des études grecques en France. — Année 1871, pp. 49-74.)

PARIS

IMPRIMERIE ADOLPHE LAINÉ

RUE DES SAINTS-PÈRES, 19

1871

CHRONIQUE DU RÈGNE DE MAHOMET II,

PAR CRITOBULE D'IMBROS.

ΚΡΙΤΟΒΟΥΛΟΣ Ο ΝΗΣΙΩΤΗΣ

(Ἰμβριώτης)

ΒΙΟΣ ΜΕΧΕΜΕΤΟΥ ΙΙ

Μέχρι τοῦ ις' ἔτους τῆς αὐτοῦ βασιλείας.

NOTICE

PAR M. UBICINI.

(*Extrait de l'Annuaire de l'Association pour l'encouragement des études grecques en France.* — Année 1871, pp. 49-74.)

PARIS
IMPRIMERIE ADOLPHE LAINÉ
RUE DES SAINTS-PÈRES, 19

1871

CHRONIQUE

DU

RÈGNE DE MAHOMET II,

PAR CRITOBULE D'IMBROS.

ΚΡΙΤΟΒΟΥΛΟΣ Ο ΝΗΣΙΩΤΗΣ

(Ἰμβριώτης)

ΒΙΟΣ ΜΕΧΕΜΕΤΟΥ ΙΙ

Μέχρι τοῦ ις' ἔτους τῆς αὐτοῦ βασιλείας. (1)

Il y a une dizaine d'années, un fragment inséré par Tischendorf à la suite de sa *Notice sur l'édition de la Bible sinaïtique* (2) attira l'attention des lettrés sur un manuscrit grec du quinzième siècle, contenant l'histoire des dix-sept premières années du règne de Mahomet II, qui faisait, et fait encore aujourd'hui, partie de l'ancienne bibliothèque

---

(1) Lue dans la séance de l'Association du 9 février 1870.
(2) Tischendorf, *Notitia editionis cod. bibl. Sinaitici*, Lipsiæ, 1860, in-4.

du Séraï à Constantinople. Cette histoire, dont quatre ans plus tard M. Egger (1) regrettait de ne connaître encore que la préface donnée par Tischendorf, et que, presque dans le même temps, M. Ernest Miller signalait dans un rapport à l'Empereur (2), comme devant fournir un utile supplément à la collection grecque de la Byzantine, avait pour auteur un certain Critobule, dont le nom était prononcé pour la première fois en Occident. Chargé, en 1869, par M. le ministre de l'instruction publique, de rechercher en Turquie, et principalement dans les archives du patriarcat œcuménique à Constantinople, les documents relatifs à l'histoire des populations chrétiennes postérieurement à la Conquête, je songeai tout d'abord à m'enquérir de ce manuscrit auquel l'objet même de ma mission et la direction donnée à mes études depuis de longues années me faisaient attacher un intérêt particulier. J'appris qu'il se trouvait entre les mains du directeur du collége autrichien de Péra, M. Dethier, qui se préparait à en donner, à Pesth, une édition avec notes et commentaires. Il en avait fait prendre, en vue de l'impression, une copie très-exacte qui me fut communiquée, et dont un examen rapide, joint aux explications que je recueillis de la bouche du futur éditeur, acheva de me persuader de l'importance réelle de l'ouvrage au point de vue historique. Depuis mon retour en France, j'avais écrit plusieurs fois à Constantinople et à Pesth pour avoir des nouvelles du *Critobule*, quand j'appris qu'il venait de paraître dans le cinquième volume des *Fragmenta historicorum græcorum*, édités par MM. Didot. La France, cette fois, avait pris les devants sur l'Allemagne.

C'est à cette publication, due au zèle du savant helléniste Charles Müller, que se rapporte la présente étude.

(1) *La Grèce en* 1453, mémoire lu par M. Egger en séance publique annuelle des cinq académies de l'Institut, le 16 août 1864.

(2) E. Miller, *Rapports à l'empereur sur une mission scientifique en Orient* (février-juillet 1865), dans le tome II, 2ᵉ série, des *Archives des missions scientifiques et littéraires*.

I.

Je ne ferai pas la biographie de Critobule. Cette biographie, réduite aux indications que l'auteur nous fournit sur lui-même dans le cours de son ouvrage, — et nous n'en possédons pas d'autres, — pourrait tenir en trois lignes. Que si, malgré cela, je m'attarde un peu sur le personnage avant de parler de son œuvre, c'est que ce personnage très-divers, multiple en quelque sorte, et qui a besoin d'être serré de près si l'on veut saisir son véritable caractère, est moins la représentation d'un individu, que celle de la société grecque, ou tout au moins d'une portion considérable de cette société, à l'un des moments les plus critiques de son histoire, et qu'ainsi la vie de Critobule, même dans le demi-jour où elle nous apparait, projette autour d'elle une lueur qui éclaire, quoique d'une manière encore indécise, la physionomie de l'écrivain, de son œuvre, de sa nation.

Nous connaissons du moins avec certitude le lieu de sa naissance. C'était un Grec d'Imbros, un de ces insulaires qui, en dépit du sobriquet dérisoire par lequel on les désignait à Constantinople (1), fournirent un grand nombre d'hommes remarquables à la Grèce turque. « Critobule l'insulaire, l'un des premiers parmi les Imbriotes, a écrit cet ouvrage » (2); c'est ainsi qu'il se présente lui-même au lecteur, à la manière de Thucydide, dès le début de son ouvrage. Cette primauté dont il parle était-elle un héritage de famille, ou — ce qui parait plus vraisemblable — lui vint-elle après coup, lorsque les événements politiques

(1) *Tavchan*, lièvres : les Turcs leur avaient donné ce surnom à cause de l'agilité avec laquelle ils fuyaient dans les bois et les montagnes lorsque, chaque année, la flotte du capitan-pacha venait faire la levée du tribut dans les îles.

(2) Κριτόβουλος ὁ νησιώτης τὰ πρῶτα τῶν Ἰμβριωτῶν τὴν ξυγγραφὴν τήνδε ξυνέγραψε. Lib. I, 1, 1. Cf. lib. III, 14, 1.

auxquels il se trouva mêlé eurent fait de lui un archonte, il ne s'explique pas là-dessus. Nous ne savons rien non plus — et il est impossible de rien conjecturer — ni sur la date de sa naissance, ni sur les circonstances et les occupations de sa vie antérieurement à l'année 1453. Tischendorf dit, d'après je ne sais quelles données, qu'il était moine au mont Athos (1) : hypothèse qui ne pourrait tout au plus se rapporter qu'aux dernières années de sa vie. L'important manuscrit de Zaviras (2), de la bibliothèque nationale à Athènes, mentionne une Vie de Mahomet II, par *Michel Critopoulos*, qui y est qualifié de secrétaire (γραμματεύς) de ce sultan (3). Enfin M. Charles Müller induit de certains passages, et notamment de celui où l'auteur décrit avec un soin et des détails en quelque sorte techniques la peste de Constantinople en 1467 (4), que Critobule était médecin, et que peut-être il avait été attaché, en cette qualité, à l'un des pachas ou à quelque autre personnage important de la cour de Mahomet II (5). Sans qu'on puisse rien affirmer, ni même préjuger à cet égard, — car ce n'est que deux cents ans plus tard, vers le temps de Panajoti et de Maurocordato, que l'on voit les Grecs se frayer, par l'exercice de la médecine, un chemin à la fortune et aux honneurs, — il est vraisemblable que Critobule avait été mis en contact avec les Turcs et entretenait avec eux des rapports personnels, antérieurement à l'époque où commencèrent leurs relations officielles, dans cette même année 1453. A sa manière de traiter les affaires, à le voir tourner à son gré l'esprit et les résolutions des pachas, on devine l'homme qui les a pratiqués de longue

---

(1) « Inter monachos græcos montis Athi inventus est qui historiam rerum ab eo (Muhamede II) gestarum, conscriberet. » Tischendorf, *loc. cit.*

(2) Νέα Ἑλλάς, ἤτοι ἱστορία τῶν πεπαιδευμένων Ἑλλήνων, τῶν μετὰ τὴν ὑλόθερὰν τοῦ Γένους κατάστασιν ἀκμασάντων, κ. τ. λ.

(3) Sathas, Νεοελληνικὴ φιλολογία, Athènes, 1868.

(4) Lib. V, 17 et sqq.

(5) Prolégomènes, p. lj.

date et a puisé sur les lieux mêmes les éléments de cette science qui s'appela plus tard, en langage diplomatique, le « manége de la Porte ». Il ne faut pas oublier en effet que, depuis le premier établissement des Osmanlis en Europe (1357), une suite de rapports, chaque jour plus fréquents, avait dû s'établir entre eux et les Grecs. D'abord, au début, nous voyons, en maintes occasions, les monarques byzantins, à l'exemple de ce qui s'était produit en Occident au déclin de l'empire, prendre à leur solde des généraux et des corps auxiliaires turcs, frayant ainsi, sans s'en douter, la voie à la Conquête (1). Plus tard, par un procédé inverse, les Osmanlis ayant pris pied définitivement en Europe, un grand nombre de Grecs entrèrent à leur service. Quelques-uns, qui s'étaient faits musulmans, parvinrent sans peine aux premières charges de l'armée et de l'administration (2). Les autres, qui n'étaient point allés jusqu'à l'apostasie, étaient relégués dans les emplois inférieurs, puissants encore quoique obscurs, comme il arrive dans les États despotiques, où l'importance des rôles ne se mesure pas toujours à celle des personnages, et où les influences les moins apparentes sont souvent les plus décisives.

Notre auteur était sans nul doute un de ces Grecs, qui, par des motifs que nous n'avons pas à rechercher ici, pactisèrent dès le début avec la Conquête. Du moins ce qu'on peut entrevoir de son caractère et de ses actes dans les rares circonstances où il se met en scène, son habileté à se ménager et à se maintenir entre les partis, son antipathie mal déguisée à l'égard des Latins, ses cajoleries envers le sultan dont il se proclame l'humble serviteur (δοῦλος εὐτε-

---

(1) Crusius mentionne, au nombre des causes de la chute de l'empire, ce qu'il nomme *appellatio et attractio Turcarum* : « Quidam enim Græcorum, ut suis hostibus superiores fierent, Turcica auxilia arcesseruut. » *Turco-Græcia*, p. 56.

(2) Voir les *Tables chronologiques* de Hadji-Khalfa où sont mentionnés plusieurs vizirs et capitans-pachas, Grecs d'origine, et *le Spectateur de l'Orient*, 57ᵉ livraison (1856), p. 283.

λής), et en même temps son attachement à la religion et à la langue de ses pères, le soin qu'il prend en toute occasion de rehausser sa nation aux yeux du vainqueur, son goût pour les lettres, tout concourt à justifier cette opinion et à nous montrer dans le personnage qui nous occupe le précurseur de ces Phanariotes que l'on voit jugés si diversement par leurs compatriotes eux-mêmes, à Constantinople et à Athènes, et sur lesquels l'historien impartial hésite à se prononcer, tant le bien et le mal sont mêlés en eux et se font, pour ainsi dire, équilibre.

Voici de quelle manière Critobule raconte la part prise par lui à la reddition d'Imbros en 1453. C'est la première fois qu'il intervient dans le récit. Il ne cherche pas, en général, à faire montre de sa personne, et, s'il lui arrive de parler de lui, il le fait avec une discrétion dans laquelle il entre peut-être autant de prudence que de modestie.

« Vers ce temps, dit-il (nous sommes en juin 1453, quelques semaines à peine se sont écoulées depuis la Conquête, la *Prise* (Ἅλωσις), comme disent les Grecs), une députation des îles vint trouver le roi (le sultan) à Andrinople. Elle était envoyée par Critobule d'Imbros, auteur de cette chronique, pour offrir au sultan la soumission des îles de la mer Égée, Imbros, Lemnos et Thasos, autrefois sujettes de l'Empire. Voici dans quelles circonstances. Les archontes qui les administraient au nom de l'empereur, au premier bruit de sa mort et de la prise de la Ville, furent saisis d'épouvante et s'enfuirent, ceux de Lemnos sur des galères italiennes qui s'étaient réfugiées dans le port après la catastrophe, ceux d'Imbros sur d'autres bâtiments mouillés à Kephalo, à la pointe de l'île. Les habitants, de leur côté, se voyant abandonnés de leurs magistrats et appréhendant d'être attaqués par la flotte royale dont on venait d'apprendre le retour à Gallipoli, entraînés d'ailleurs par l'exemple des Lemniotes qui s'étaient embarqués au nombre de plus de deux cents, avec leurs femmes et leurs enfants, qui pour la Crète, qui pour l'Eubée, songeaient à se dérober par la fuite au péril qui les menaçait. Critobule les détourna de ce dessein, et, après les avoir réconfortés par ses discours, dépêcha en secret un homme de confiance au pacha de Gallipoli (1), pour le dissuader d'envoyer son escadre dans les îles et de rien entreprendre contre leurs habitants. En même temps il députa vers le roi à Andrinople l'évêque et plusieurs notables d'Imbros, chargés de lui offrir, avec les présents d'usage, la souveraineté des îles, demandant pour unique grâce qu'elles pussent conserver leur ancien mode d'administration sous un gouverneur nommé par le sultan et moyennant le paiement du tribut accoutumé. Le roi accueillit favorablement les députés et acquiesça à toutes leurs demandes. En conséquence, les îles conservèrent leur autonomie et furent données, Imbros au seigneur d'Enos, Palamède, Lemnos et Thasos à Doria, prince de Mitylène (2). En effet ces deux seigneurs avaient député, le premier un de ses principaux officiers, le second son propre fils, à la Porte du sultan, pour solliciter en leur nom l'investiture des îles : ce qu'ils obtinrent, grâce aux envoyés de Critobule qui appuyèrent leur démarche auprès du roi (3). »

Les choses demeurèrent en cet état jusqu'au com-

---

(1) Hamza pacha, amiral en chef de la flotte. Gallipoli était depuis la prise de cette ville par les Ottomans (1357) leur grand port militaire et la résidence ordinaire du capitan-pacha.

(2) Palamède et Doria appartenaient tous les deux à la famille génoise des Gatelusio (Gattilussi, dans Cantù, *Hist.*, VI, 391, en note), à qui l'empereur Jean Paléologue I, pour reconnaître les services qu'elle lui avait rendus en l'aidant à chasser les pirates catalans de l'Archipel, avait fait don de la souveraineté de Lesbos. Plus tard, les Gatelusio, ayant accru insensiblement leurs domaines, se divisèrent en deux branches, qui ont été confondues souvent par les historiens, celle des princes de Lesbos, et celle des seigneurs d'Énos, dont était Palamède. Cf. Hammer, III, 92.

(3) Lib. I, 75. — Voilà un récit complet et tout nouveau. L'auteur de l'*Histoire politique de Constantinople* mentionne simplement le fait de la soumission de Lemnos et d'Imbros, sans donner aucun détail : Εἶτα ἔλαβε τὴν Λῆμνον καὶ τὴν Ἴμβρον. Ducas et les autres ne sont pas plus explicites.

mencement de 1456. Palamède était mort dans l'intervalle. Le partage de sa succession suscita des querelles de famille dont Mahomet II profita habilement pour s'emparer d'Enos qu'il annexa à l'empire. Cette prise de possession entraînait celle de l'île qui avait été réunie en 1453 à la seigneurie d'Enos. En conséquence, l'amiral de la flotte, Youniz pacha, cingla vers Imbros d'où il chassa les autorités nommées par Palamède et installa à leur place Critobule en qualité de gouverneur pour le sultan de l'île et des forteresses.

Au printemps de l'année suivante, une flotte chrétienne sous le commandement du patriarche d'Aquilée, Louis Scarampa, se montra dans l'Archipel, et, après avoir chassé les garnisons turques de Lemnos et de Samothrace, détacha une escadre de dix vaisseaux pour délivrer Imbros. Le cas était embarrassant pour le nouveau gouverneur. Résister — même en supposant la chose possible — c'était se perdre de réputation aux yeux de la chrétienté. D'autre part, livrer l'île aux chrétiens sans coup férir, c'était courir de gros risques du côté du sultan, dans le cas, facile à prévoir, d'un retour de fortune.

Dans cette conjoncture Critobule eut recours aux mêmes procédés qui lui avaient si bien réussi, quatre ans auparavant, auprès du capitan-pacha. Seulement, la négociation étant d'une nature plus délicate, il crut qu'il valait mieux n'y point mêler un tiers, et s'aboucher directement avec le commandant italien. Que se passa-t-il dans cette rencontre? Il ne le dit pas clairement. Ce que l'on voit, c'est qu'il n'épargna ni les présents ni les beaux discours, et qu'en fin de compte, il persuada au chef de l'escadre chrétienne, comme il avait fait naguère à l'amiral de la flotte musulmane, de demeurer à son bord et de laisser les Imbriotes à leurs affaires (1).

(1) Lib. II, 23.
(2) Par exemple, Chalcocondyle affirme qu'Imbros fut prise par la flotte papale : « Et de là, courant la coste de l'Asie, y firent quelques

Ce récit de Critobule appelle l'attention à plus d'un titre. En même temps qu'il fait connaître des faits entièrement nouveaux, qui complètent ou rectifient les assertions souvent contradictoires des byzantins (2), il peut être invoqué comme un témoignage de la facilité avec laquelle les Grecs des îles, comme ceux du continent, acceptèrent la domination ottomane, et nous permet de déterminer par là le véritable caractère de la Conquête. La Conquête, à part les excès de la première heure, ne fut ni aussi violente, ni aussi brutale qu'on se le figure d'ordinaire. N'ajoutons pas une foi trop prompte — pour l'honneur des Grecs eux-mêmes — aux exagérations de leurs historiens. Si la domination turque a été, à l'origine, aussi dure, aussi impitoyable qu'ils la représentent, comment ont-ils accepté de vivre sous ces maîtres barbares ? D'où vient que l'on ne rencontre nulle part de trace d'une résistance armée ? Ils jettent leurs plaintes aux quatre vents du ciel, ils font retentir le cri de guerre dans toute l'Europe, et, quand l'Europe accourt avec ses soldats et ses vaisseaux, ils font la sourde oreille, et sont les derniers à prendre les armes :

> Sint licet et surdi Græci et postrema volentes
> Arma pati... (1).

Dans le fond ils sont résignés. Ils recherchent plutôt qu'ils ne fuient le contact des infidèles. Les siècles s'écouleront ; les choses resteront ainsi. Vainqueurs et vaincus continueront de subsister côte à côte, sans collisions, sans chocs violents ; mais, — et c'est le point à noter, — ils ne se mêleront pas.

---

dommages et reprirent quant et quant l'isle de Lemnos, qui pour lors étoit dans l'obéissance du Turc, *avec celle d'Imbros.* » Ducas, au contraire, dans son énumération des conquêtes de la flotte, ne nomme pas Imbros, tandis qu'il mentionne Thasos et Samothraki, que Chalcocondyle passe sous silence. *Proleg.*, lij. Cf. Hammer, III, 37.

(1) Marii Philelphi De vita rebusque gestis Mahumeti Turcarum principis. (*Mss., Biblioth. de Genève.*)

Revenons à Critobule. En 1459, une nouvelle crise survint. La flotte latine avait depuis longtemps regagné l'Adriatique, laissant pour la garde des îles nouvellement conquises de petites garnisons, capables peut-être de soutenir un siége dans leurs châteaux, mais impuissantes à protéger les habitants contre un retour offensif des Turcs. Les insulaires vivaient dans des transes continuelles, maugréant tout bas contre leurs libérateurs. Les Lemniotes surtout, placés presque à l'entrée du détroit, s'attendaient chaque matin à voir la flotte du capitan-pacha déboucher des Dardanelles et fondre sur eux à l'improviste. Ils comparaient leur sort à celui de leurs voisins d'Imbros qui n'avaient rien à craindre des Turcs, rien à démêler avec les Latins, et, ce rapprochement leur rendant leur situation encore plus insupportable, ils commencèrent à s'agiter et à prêter l'oreille aux discours des agents de Critobule qui depuis longtemps les pressait de chasser les étrangers et de rappeler les Turcs. Comme il avait donné le conseil, il se chargea d'en préparer l'exécution. Muni des pleins pouvoirs des archontes et des notables de Lemnos qui l'autorisaient à traiter au nom de l'île tout entière, le gouverneur d'Imbros partit pour Andrinople. En même temps il expédiait un messager avec des lettres à Démétrius (Paléologue), despote du Péloponnèse, pour le compte duquel il paraît avoir conduit toute cette intrigue.

On se rappelle ce frère puîné du dernier empereur qui, tandis que les Turcs assiégeaient Byzance, au lieu de voler à la défense de l'empire, bataillait avec son autre frère, Thomas, au sujet de la possession du Péloponnèse. Tous les deux se haïssaient si fort, dit Spandugino, que l'un eût mangé le cœur de l'autre (*che l'uno avrebbe mangiato il cuor all' altro*) (1). Mahomet les avait mis momentanément d'accord en leur enlevant à chacun la moitié de leurs États, et en leur imposant un tribut annuel de 500 écus

---

(1) *I Commentari di Theod. Spandugino Cantacusino.* Firenza, 1551, p. 29.

d'or pour la rançon de l'autre moitié. Mais Démétrius ne se payait pas d'illusions. Comprenant que la paix actuelle n'était qu'une trêve et qu'avant peu le Péloponnèse tout entier passerait aux mains des Turcs, il eût volontiers, dès lors, échangé sa despotie précaire de Patras contre un établissement moins brillant, mais plus solide en pays musulman, par exemple la possession, à titre de fief, de quelqu'une de ces îles de l'Archipel qui formaient comme autant de petites royautés sous la suzeraineté ottomane, car, pour un Grec du bas-empire, l'essentiel était de régner, n'importe où et à quel titre. Aussi avait-il eu soin de se faire bien venir du sultan, avec qui il était en pourparlers pour lui faire épouser sa fille (1). Ses relations avec Critobule paraissent remonter à la même époque et avoir été déterminées par les mêmes motifs.

Critobule mandait à son patron que tout allait au mieux du côté des Lemniotes, que le sultan était favorablement disposé, qu'ainsi il eût à dépêcher au plus vite à la Porte un agent en titre pour conclure l'affaire. En effet, lorsque cet agent arriva à Andrinople, il n'eut guère qu'à apposer sa signature au bas de l'acte par lequel Mahomet II conférait à Démétrius la vice-royauté de Lemnos et d'Imbros, moyennant un tribut annuel de 5,000 ducats. Le zèle et le savoir-faire de Critobule avaient d'avance pourvu à tout.

Cependant les Italiens étaient toujours maîtres de Lemnos. Il s'agissait de leur faire lâcher prise. Entreprise scabreuse ! Leurs bâtiments croisaient dans les parages de l'île, les ports étaient bien gardés, les châteaux approvisionnés pour un an, les garnisons nombreuses, les commandants braves et fidèles. Nulle aide à attendre des habitants, qui voulaient bien être débarrassés des étrangers, pourvu qu'ils n'eussent point à s'en mêler. Critobule ne songeait pas davantage à livrer bataille. A quoi sert de couper le nœud quand on peut le dénouer? Aussi, lorsqu'il reçut du commandant de Palæocastro, qu'il avait fait

---

(1) Hammer, III, 52.

sonder au sujet de la reddition de la forteresse, un parchemin portant l'empreinte sanglante d'une épée avec cette fière réponse : « N'espère pas avoir la forteresse par de telles voies; mais, si tu es un homme de cœur, essaie de t'en emparer les armes à la main, » se prit-il à rire comme à un trait de jeune homme (ἅτε νέος ὤν). Il estimait, comme Philippe, qu'il n'y a point de citadelle imprenable, où l'on peut faire arriver un mulet chargé d'or. La vérité est qu'il se rendit maître, sans coup férir, des villes et des châteaux, l'un après l'autre. Palæocastro seul tenait bon. A la fin il capitula moyennant mille ducats que payèrent les Lemniotes, et au bout de quelques semaines il ne restait plus un seul soldat italien dans l'île (automne de 1459).

Critobule demeura quelque temps encore à Lemnos après le départ des Italiens, attendant le retour des députés qu'il avait envoyés dans le Péloponnèse pour informer Démétrius de la reddition de l'île et recevoir ses instructions. Dès qu'ils furent arrivés, il remit les villes et les châteaux aux archontes désignés par le despote, et regagna son île d'Imbros. « Et ainsi, dit-il, finit cette affaire (καὶ ταῦτα μὲν οὕτω) » (1). Est-ce bien là tout, en vérité? Pour moi, j'ai peine à le croire, et qu'il n'eût retiré aucun bénéfice personnel de cette campagne. Autrement pourquoi l'eût-il entreprise? Un homme habitué comme lui à payer les services d'autrui à prix d'or ne devait pas donner gratuitement les siens.

A partir de ce moment, il n'est plus fait mention de lui dans la Chronique. Il dut passer les six ou sept années qui suivirent à Imbros, qu'il continuait d'administrer au nom de Démétrius, et où il employa les loisirs que lui laissait sa charge à la composition de la majeure partie de son ouvrage. Dans l'automne de 1466, Imbros et les îles voisines étant retombées momentanément au pouvoir des Vénitiens, Critobule passa, selon toute apparence, à Con-

---

(1) Lib. III, 14-15, 18.

stantinople. Nous savons du moins qu'il s'y trouvait lors de la peste qui désola cette ville dans l'été de 1467. La description de cette peste, le récit de la tentative infructueuse de Mahomet II contre Croïa, terminent brusquement la Chronique, qui s'arrête à la fin de l'an du monde 6975, suivant l'ère byzantine (31 août 1467).

La publication — il faut entendre par là l'envoi au sultan du manuscrit avec l'épître dédicatoire qui l'accompagne — dut suivre d'assez près, et ne saurait dans tous les cas, être postérieure à 1470, sinon on s'expliquerait mal, suivant la judicieuse remarque de M. Müller, que Critobule, si jaloux de la gloire de son héros et si empressé à le faire valoir, n'eût pas conduit son récit jusqu'à cette année 1470, où la prise de Négrepont et la paix avec Venise marquèrent le point culminant de la conquête ottomane sous Mahomet II.

Il est également hors de doute que Critobule, lorsqu'il envoyait au sultan le manuscrit de son ouvrage, n'eût l'intention d'y donner une suite. Cette suite, nous ne la possédons pas, et rien même n'autorise à penser qu'elle ait jamais existé, soit que le temps, ou sa propre volonté, ait manqué à l'exécution de son dessein.

En effet, Critobule, dans sa dédicace à Mahomet II, après avoir exposé les motifs qui l'ont porté à rédiger sa chronique en grec, le plan et les principales divisions de l'ouvrage, ajoute en terminant ces propres paroles : « Toutes ces choses ont été écrites et consignées par moi dans ce livre que je t'envoie, en le soumettant à ton royal jugement. Si ce jugement m'est favorable, si tu trouves que j'ai parlé selon la vérité et que je ne suis pas resté trop au-dessous de mon sujet, *encouragé par ta royale approbation, j'oserai m'aventurer de nouveau dans la carrière, heureux d'avoir à retracer la suite des grandes choses qu'il t'aura été donné d'accomplir, avec l'aide de Dieu*. Que si au contraire tu estimes l'œuvre mauvaise et le peintre indigne de son modèle, *alors, adorant de loin tes grandeurs et cher chant pour moi l'ombre et le silence, je laisserai à de plus dignes le soin de poursuivre et d'achever cette histoire* (1). »

Ce passage, qui ne contredit en rien l'idée que nous avons pu nous faire jusqu'ici de notre auteur, me paraît avoir une grande importance, en ce qu'il détermine exactement le cadre et le caractère de son œuvre, en même temps qu'il ouvre une sorte de perspective sur les dernières années de sa vie.

La Chronique de Critobule, telle qu'elle est parvenue jusqu'à nous, forme un tout complet dans les limites qu'il lui avait assignées dès le principe, sauf à les étendre par la suite, certaines conditions venant à être remplies. Ces conditions, il les indique très-clairement dans sa lettre au sultan. C'est en quelque sorte l'estampille officielle donnée à son ouvrage, l'approbation directe du souverain dont il s'est constitué l'historiographe bénévole, et à la gloire duquel il consent bien à travailler, mais à la condition d'aider en même temps à sa propre fortune :

Grand roi, *sois généreux*, ou je cesse d'écrire.

Mahomet ne comprit pas, ou peut-être feignit-il de ne pas comprendre. Trouvait-il que Critobule ne l'avait pas assez loué, ou se voyait-il au contraire assez grand pour se passer de panégyriste? Toujours est-il qu'à partir de ce moment Critobule cessa d'écrire. Ce qu'il advint de lui par la suite, où et quand il mourut, on l'ignore. Qu'il soit retourné dans son île natale, qui bientôt après (1470) retomba au pouvoir des Turcs, la chose me paraît peu dans la donnée du personnage. Peut-être vécut-il oublié dans quelque coin de Constantinople; peut-être aussi, — ce qui expliquerait le *Critobulus monachus* de Tischendorf, — « embrassant l'ombre et le silence », se retira-t-il, à l'exemple

---

(1) Εἰ δὲ φανῶσιν οἱ ἡμέτεροι λόγοι πολλῷ τῶν σῶν ἔργων ὄντες καταδεέστεροι καὶ πρὸς τὸ μέγεθος τούτων οὐκ ἐξικνούμενοι, τότε βιβλίον ὡς ἀχρεῖον ἀποδοκιμασθῇ, τηνικαῦτα δὴ καὶ αὐτὸς πόρρωθεν προσκυνήσας καὶ σιωπὴν ἀσπασάμενος, ἑτέροις παραχωρήσω τῆς ἱστορίας, πολλῷ τὰ τοιαῦτα ἐμοῦ βελτίοσιν. *Epist. dedic. ad Mechemetem regem*, 17.

des favoris disgraciés et des ambitieux déçus de la cour de Byzance, dans quelque monastère du mont Athos, pour y méditer à loisir sur l'ingratitude des rois et le néant des espérances humaines.

II.

Voilà tout ce que nous savons sur la personne de Critobule, et il n'est guère probable que l'avenir nous en apprenne davantage. Il nous reste maintenant à présenter un court aperçu de son œuvre.

Les *Histoires* (Ἱστορίαι) — car tel est le titre que l'on a donné à sa chronique du règne de Mahomet II (1) — sont, ainsi que l'auteur nous l'apprend lui-même, divisées en cinq livres, et contiennent le récit des actions du Conquérant, depuis son avénement jusqu'à la fin de la dix-septième année de son règne (1450-67). J'ai déjà dit quelques mots de l'épître placée, en guise de préface, en tête de l'ouvrage. Ce qui me frappe dans cette épître, ce n'est pas tant les louanges qu'il prodigue au sultan — la chose n'est même à remarquer que parce que c'est un Grec qui parle — que le pompeux éloge qu'il fait de la langue grecque, par opposition à celle du vainqueur, et le rapprochement qu'il établit entre la grandeur des actions de Mahomet et l'universalité de cette langue, « qui est parlée par-delà les colonnes d'Hercule, jusque dans les îles Britanniques ». Plus loin, après avoir critiqué les auteurs qui ont traité avant lui de l'histoire des Turcs, il annonce clairement son intention d'aborder par la suite, s'il plaît

---

(1) En réalité, Critobule n'a point entendu écrire une Histoire, mais simplement une Vie de Mahomet : Οὔκουν περὶ τούτων ὁ λόγος ἡμῖν νῦν, ἀλλ' ὅπως τὰ τοῦ μεγάλου Βασιλέως ἔργα Μεχεμέτεω... τοῖς μεθ' ἡμᾶς παραδῶμεν, κ. τ. λ. (Lib. I, 2.) C'est pourquoi j'ai cru devoir substituer, en tête de cette notice, au mot Ἱστορίαι celui de Βίος, adopté par M. Dethier.

à Dieu, Θεοῦ διδόντος, le même sujet, et d'écrire une véritable histoire des Ottomans. « Plusieurs, dit-il, ont entrepris d'écrire cette histoire, mais sans posséder les qualités nécessaires à l'historien; l'exactitude leur fait entièrement défaut; ils n'ont ni plan ni méthode; ils racontent les événements au hasard, d'après les données incomplètes que leur fournit leur mémoire; leurs sentiments personnels, le plus ou moins d'expérience qu'ils ont acquise, servent de base à leurs jugements... Ce qu'ils n'ont pas su faire, nous nous réservons de le tenter plus tard, dans un autre ouvrage, où nous présenterons un récit complet et raisonné des événements. » C'est dans ces termes que Critobule pose, comme nous dirions aujourd'hui, sa candidature à la charge d'historiographe. Mais en même temps, par l'effet d'une autre préoccupation moins personnelle, plus patriotique, il semble qu'il voulût amener Mahomet II à faire de la langue grecque la langue officielle de l'empire. Nous savons en effet que, dans les premiers temps qui suivirent la Conquête, tous les actes de l'autorité turque, dans ses rapports tant avec ses sujets chrétiens qu'avec les puissances étrangères, étaient rédigés dans cette langue. Ce n'est que quand il s'adressait aux souverains de l'Asie, en leur envoyant ces *lettres de victoire*, dont la plupart nous ont été conservées dans la collection des papiers d'État de Feridoun (1), que Mahomet se servait du turc ou du persan. Dans toutes les autres occasions, il faisait écrire en grec par ses secrétaires (2). Deux lettres de lui, relatives à la paix avec les Vénitiens, reproduites par M. Constantin Sathas dans son *Essai sur les*

---

(1) Hammer, III, 45.
(2) On a prétendu que Mahomet II s'était familiarisé dès l'enfance avec la langue grecque. La chose est peu probable, puisque l'auteur de l'*Histoire politique* nous le montre conversant avec le patriarche grec au moyen d'un interprète, δι' ἑρμηνέως. Plus loin il ajoute que, frappé des discours du patriarche et chancelant dans sa foi (ἐν ἀμφιβολῇ ὢν περὶ τῆς ἑαυτοῦ πίστεως), le sultan lui commanda de rédiger un exposé de la foi chrétienne qu'il fit traduire en arabe pour son usage.

insurrections de la Grèce sous la domination musulmane (1), prouvent qu'à cette époque (1479-80) le grec était encore employé, sinon comme langue officielle (ἐπισήμῳ τότε γλώσσῃ), du moins comme langue diplomatique, dans l'empire. Les monnaies même — je ne dis pas toutes, mais un grand nombre, — frappées sous le règne du Conquérant, portaient l'inscription suivante en lettres grecques : « Le grand roi (*melik*) de l'Anatolie et de la Roumélie, Mahomet (2). »

L'Introduction (je comprends sous ce titre, avec M. Müller, les chapitres 1 à 3 du premier livre) témoigne d'une autre préoccupation bien naturelle chez l'auteur. S'adressant ici, non plus à la personne du sultan, mais au public, — un public grec, puisque c'est en grec qu'il écrit, — à la postérité qui ne sépare pas dans son jugement l'écrivain de son œuvre, il sent ce que la tâche qu'il a assumée a de délicat, pour ne rien dire de plus, et va de lui-même au-devant de l'objection, afin de la combattre.—Quoi! lui, un Grec, il s'est fait l'historien de l'ennemi, de l'oppresseur de son pays? Il va retracer pour la postérité le triomphe du vainqueur, en présence et dans la langue du vaincu? — Et pourquoi non, si le vaincu n'a point à rougir de sa défaite? Et qui donc songerait à imputer aux Grecs leurs revers? Ils sont innocents; la destinée seule a tout fait, « la destinée, à laquelle tout est soumis, qui élève les trônes et les abaisse, et qui a fait passer successivement l'empire des Assyriens aux Mèdes, des Mèdes aux Perses, et de ceux-ci aux Grecs et aux Romains. »

Dans l'espèce, comme l'on dirait au Palais, ce lieu commun de philosophie avait plus de portée qu'il ne paraît à première vue. En faisant ainsi intervenir la destinée entre les Grecs et leurs adversaires, l'historien mettait pour ainsi dire le vaincu de niveau avec le vainqueur, et, par cette

(1) Ἱστορικὸν δοκίμιον περὶ τῶν πρὸς ἀποτίναξιν τοῦ Ὀθωμανικοῦ ζύγου ἐπαναστάσεων τοῦ Ἑλληνικοῦ ἔθνους (1453-1821), ὑπὸ Κωνσταντίνου Ν. Σάθα. Athènes, 1869.

(2) *Une réforme praticable en Turquie*. Athènes, 1853.

assimilation tout à fait conforme d'ailleurs à l'esprit de l'islamisme, il exhortait indirectement Mahomet à user de sa victoire avec modération, les Grecs à porter dignement leur défaite.

Est-ce là véritablement ce qu'a voulu Critobule? A-t-il entendu faire en même temps la leçon au sultan victorieux et aux Grecs asservis? Dans tous les cas, la leçon n'eût rien perdu à s'exprimer sous une forme moins abstraite, et l'idée qui s'en dégageait, pour être tout à fait juste et pour porter tous ses fruits, avait besoin d'un correctif. Enlever, par exemple, aux Grecs toute responsabilité dans ce grand désastre, n'était pas un bon moyen de les relever à leurs propres yeux, et surtout de les préparer pour un meilleur avenir. Il fallait au contraire, en rappelant les maux de la patrie, ne pas craindre de lui parler de ses fautes, non pour lui reprocher son malheur, mais pour rendre ce malheur instructif et fécond; car, dit le proverbe grec moderne, « souffrir, c'est apprendre : τὰ παθήματα, μαθήματα. » Il est à regretter que les contemporains ou les émules de Critobule, Phrantzès, Chalcocondyle et les autres, placés à un point de vue différent, n'aient pas mieux que lui compris leur tâche. Ils ont mis la rhétorique à la place de la morale; la patrie, dans cette effroyable crise, avait besoin d'autre chose.

Nous pouvons sans trop de difficulté, d'après ce qui précède, conjecturer ce que doit être, ce qu'est en réalité la Chronique de Critobule : un récit officiel, rien de plus, rien de moins. L'auteur, bien qu'il n'ait point eu charge d'écrire son livre, ne fait pas moins, en l'écrivant, fonction d'historiographe. Il raconte, et c'est le moins qu'on puisse dire, le règne de Mahomet II, comme on aurait pu raconter en France le règne de Louis XIV du vivant de Louis XIV, dans un livre dédié par son auteur à Louis XIV.

Est-ce à dire qu'il faille toujours et partout suspecter son récit? Au contraire, ce récit contient un grand fonds de vérité. Mais ce n'est pas la vérité de l'histoire; j'entends l'histoire à la façon des grands maîtres, libre, ne relevant que d'elle-même, sincère, alors même qu'elle n'est pas toujours impartiale ; c'est la vérité du panégyrique ou de l'oraison funèbre, comme la vérité de Phrantzès et de Ducas est la vérité du pamphlet et de la satire. La pensée de l'auteur a souvent besoin d'être cherchée, devinée à travers les demi-mots, les réticences, les euphémismes, tous les artifices de langage d'un auteur qui possède à fond sa rhétorique. Tandis que l'éloge est en pleine lumière, le blâme reste dans la pénombre. L'auteur pratique volontiers le précepte de Quintilien : *Plus significare, quam dicere*. Il trouve ainsi le moyen de mettre son intérêt d'accord avec sa conscience.

Par exemple, quand il vient à raconter un des plus tragiques épisodes de la Prise, un de ceux qui entachent le plus la mémoire du vainqueur, — l'exécution du grand-duc Notaras et de ses fils, — il n'accompagne son récit d'aucune parole de blâme contre Mahomet. Mais il prend plaisir à exagérer la vertu, la piété, le courage du vieux Notaras, l'innocence et la candeur de ses fils, et l'éloge éclatant de la victime devient la condamnation tacite du bourreau.

De même il ne fait nulle part, ni ici ni ailleurs, d'allusion directe aux penchants infâmes que presque tous les contemporains reprochent au Conquérant, et qui auraient été, suivant Ducas, la cause première du désastre qui frappa cette malheureuse famille. Cependant, quand il nous montre, en maints passages des *Histoires*, le sultan recrutant partout, pour le service intérieur du palais, de jeunes garçons brillants de la fleur de l'âge et de la beauté (ὥρᾳ τε σώματος διαλάμποντας¹, que veut-il donner à entendre par là, sinon que Mahomet, par une dépravation trop commune à son époque, entretenait un double harem?

La relation du siège et de la prise de Constantinople, quoique plus complète, au moins dans certaines parties, et en général plus exacte que celle de Phrantzès et de Ducas, ne fournit aucune clarté nouvelle sur ce grand événement, auquel la publication de l'histoire de Hammer, pour laquelle l'auteur s'est aidé pour la première fois des documents orientaux, a restitué sa véritable physionomie, un peu altérée dans les récits des byzantins. L'idée générale que cette relation laisse dans notre esprit ne s'éloigne pas sensiblement de celle que fait naître la lecture des pages mêmes de Hammer, ce qui crée une présomption en sa faveur. S'il exalte outre mesure le vainqueur, l'auteur de la Chronique se montre d'une indulgence excessive à l'égard des vaincus. Il raconte en termes dignes la mort de l'empereur, loue le courage et la constance des Grecs pendant le siége, sans dire un mot de leurs dissensions intérieures et de ces déplorables querelles entre les partisans des deux Églises, qui brisèrent l'énergie de la résistance nationale. D'où viennent ces ménagements? Espère-t-il trouver ainsi grâce devant ses concitoyens? Ou bien, en relevant comme il le fait les Grecs aux yeux du Conquérant, caresserait-il en secret une autre idée, une idée qui hanta fortement le cerveau des Grecs à cette époque, et dont on retrouverait encore aujourd'hui la trace : la continuation ou le rétablissement de l'empire sous le sceptre d'un sultan *orthodoxe?*

Cette folie, et ce n'était une folie que pour ceux qui n'avaient pas été à même d'observer de près l'esprit et la marche progressive de l'islamisme, avait une apparence de raison, à laquelle les Grecs devaient aisément se laisser prendre. Pour eux, les Turcs étaient des barbares, comme ceux qui, après avoir envahi l'empire d'Occident au cinquième siècle, avaient fini par adopter la langue, les institutions, la religion des peuples qu'ils avaient asservis. Pourquoi n'en serait-il pas de même encore aujourd'hui? Les Grecs étaient-ils moins civilisés que les Latins? La nouvelle Rome le cédait-elle en quelque chose à l'ancienne? Pourquoi, de même que Clovis et ses Francs s'étaient faits chrétiens, Mahomet avec ses Osmanlis ne se ferait-il pas orthodoxe? Déjà le bruit de sa conversion avait commencé à se répandre parmi le peuple. S'il n'avait pas encore reçu le baptême, il en était bien près. Il vénérait en secret les reliques des saints, et tenait une lampe allumée devant l'image de la Vierge. Telles étaient les rumeurs qui circulaient. J'ai cherché vainement dans le passage relatif à Gennadius quelques indications précises à ce sujet. J'y découvre bien l'origine, mais non la preuve de la légende. Toutefois ce passage mérite l'attention en ce que, s'il n'affirme rien, il permet de tout conjecturer. Après un éloge de Gennadius, accompagné de certaines particularités inédites (comme quoi, par exemple, lors de la Prise, il avait été réduit en captivité et emmené dans un village près d'Andrinople, où Mahomet, qui le faisait chercher partout, eut quelque peine à le découvrir), l'auteur ajoute : « Le sultan, charmé par sa vertu et par la grâce de ses discours, le combla de prévenances. Il lui ménagea un constant et facile accès auprès de sa personne, et se plaisait à l'entretenir familièrement (1). » Ces relations se continuèrent après l'installation de Gennadius comme patriarche, et prirent un caractère en quelque sorte officiel. Le sultan le visitait souvent dans son monastère de Pammacariste, — ce monastère servait de résidence patriarcale depuis que l'église des Saints-Apôtres avait été transformée en mosquée, — et là, en présence des ulémas et des grands de sa cour, dont il se faisait accompagner pour faire honneur à son hôte, il aimait à l'entendre exposer librement devant lui les principes de la foi et de la théologie chrétiennes (2).

Il est curieux de rapprocher de ce passage de Critobule les lignes suivantes, empruntées à l'*Histoire des Patriarches* de Malaxus : « Le sultan, s'étant rendu dans le temple de Pammacariste, s'entretint bénévolement avec le patriarche. Alors celui-ci, bannissant toute crainte, lui dévoila l'ensemble du dogme chrétien, et le sultan, subjugué par son éloquence et par son savoir, demeura convaincu de la vérité du christianisme et rempli d'admiration pour ses mystères, etc. (3). »

(1) Lib. II, c. 2.
(2) Καὶ διαλέξεις δὲ πολλὰς καὶ καλὰς περὶ τῆς τῶν Χριστιανῶν πίστεως καὶ θεολογίας ἐνδίδωσιν αὐτῷ ἐνώπιον αὐτοῦ ἀδεῶς καὶ ἐλευθέρως ποιεῖσθαι. *Ibid.*
(3) Cum sultanus in templum Pammacaristæ venisset, cum patriar-

L'auteur de l'*Histoire politique de Constantinople* rapporte à peu près les mêmes circonstances, mais en concluant autrement : « Mais cela ne servit de rien pour son salut; car Dieu n'habite pas le cœur d'un barbare (1). »

La légende passa la mer. Elle inspira peut-être la fameuse lettre de Pie II (Æneas Sylvius) à Mahomet II. Persuadé sans doute qu'à lui seul était réservé l'honneur d'achever la conversion du farouche ennemi des chrétiens, l'ancien secrétaire du concile de Bâle lui adressa une épître en beau langage, bourrée de citations et d'arguments, mais dans laquelle il mêlait un peu à la légère le Coran et la Bible, les Musulmans avec les Juifs. « Une toute petite chose, disait-il en terminant, peut faire de toi le plus grand, le plus glorieux, le plus puissant, le plus illustre des monarques de la terre; une chose que tu te procureras sans peine, qui se trouve partout; et cette chose, te dirai-je quelle elle est? Une goutte d'eau (2). »

A ce bel argument, à ce discours profond,

ce que répondit le sultan, on se le rappelle : « Qu'il était innocent de la mort de Jésus, et qu'il songeait avec horreur à ceux qui l'avaient attaché à une croix. » Ce n'est pas que Mahomet eût été grandement surpris de l'envoi, sinon du ton, de l'épître pontificale. Il ne le fut pas davantage quand il apprit que le pape, après avoir suscité une ligue

cba sermones clementer contulit. Tunc, omni metu posito, universam ei patriarcha veritatem fidei Christianæ aperuit; sultanus autem magnopere admiratus est illius divinarum rerum cognitionem et sapientiam; certusque de religione christiana factus est, totam esse verissimam, mysteria ejus, non modo vera, sed etiam mirifica. (Édit. de Bonn, p. 85 et 93).

(1) At nihil ad salutem profecit, non enim Deus in stolidi corde locum habet. *Ibid.*, p. 48.

(2) Un poco è che ti può fare fra tutti quei ora vivono grandissimo, potentissimo, et preclarissimo. Vuoi saperlo? El non è difficile a ritrovare, ne molto è difficoltoso, et si ritrova per tutto; e gli è un poco d'acqua. (*Epistola di Pio secondo sommo Pontefice all' illustre Mahumete, imperatore de' Turchi.* 1460. Mss. Bibl. nat.)

des princes d'Italie et d'Allemagne, s'apprêtait à marcher contre lui à la tête d'une armée. Cela était conforme à la règle, et lui-même, à sa place, n'eût pas procédé autrement. L'affaire toutefois n'eut pas de suites. Pie II mourut, comme l'on sait, à Ancône, à la vue des galères vénitiennes qui venaient le chercher pour le conduire en Grèce, emportant avec lui le dernier souffle de la Croisade. En vain essaya-t-on encore jusqu'à la fin de ce siècle et durant la moitié du siècle suivant de renouveler les anciennes ligues contre *le Turc*. « L'esprit des princes chrétiens errait ailleurs (1), » dit l'érudit-diplomate Busbeq dans une de ses lettres, dont je n'ai pas en ce moment le texte latin sous les yeux ; et le temps n'était pas loin où on les verrait rechercher à l'envi l'alliance de ces infidèles que seuls les amateurs de la belle antiquité, les poëtes comme Milton, les philosophes comme Leibnitz, parlaient encore de rejeter en Asie.

Il est clair que Critobule, dans le moment où il écrivait sa Chronique, ne croit plus, si même il y a cru jamais, à la conversion de Mahomet II. La mort de Gennadius (1460), la force d'impulsion de l'islamisme à ses débuts, l'empreinte uniforme dont il avait marqué la Conquête, ont dû lui ôter toute illusion à cet égard. Mais n'y avait-il pour les Grecs que cette unique voie de salut ? Mahomet ne pouvait-il, sans changer de religion, se déclarer empereur des Grecs, à peu près comme de nos jours Napoléon III voulait, dit-on, se faire proclamer empereur des Arabes en Algérie? L'idée de la coexistence d'un sultanat musulman et d'un empire orthodoxe dans la personne d'un souverain unique (2), idée qui paraît se rapprocher assez de la μεγάλη ἰδέα, telle qu'on la conçoit aujourd'hui à Constantinople (je

---

(1) Ὁ νοῦς τῶν Χριστιανῶν ἡγεμόνων ἀλλαχοῦ πλανᾶται.

(2) Telle est l'idée développée dans une brochure, *Une réforme praticable en Turquie*, publiée en 1853, à Athènes, chez Coromilas, et qui est résumée dans cette formule : « Abdul-Medjid, sultan des Turcs et roi des Grecs. » — Un autre publiciste grec, M. Pitzipios (*les Réformes et l'empire byzantin*, Paris, 1858), patronne l'idée d'un empire byzantin, *avec un sultan chrétien*.

dis à Constantinople et non point à Athènes), pouvait encore, dans ces temps, être envisagée comme une conséquence naturelle, sinon nécessaire, de la Conquête, et les Grecs influents de l'époque durent l'embrasser avec d'autant plus d'ardeur qu'elle répondait à leurs sentiments les plus secrets, et qu'en autorisant toutes les espérances elle légitimait toutes les ambitions.

C'est ainsi que Critobule se plaît à rappeler les longs entretiens de Gennadius avec le sultan comme un témoignage des dispositions favorables dont il était animé, dès le début de son règne, envers les Grecs. Il loue le prince de cette politique pleine de sagesse, et, en le louant, l'engage à y persévérer.

Je retrouve un autre indice de cette préoccupation de notre auteur dans le soin qu'il prend, au commencement de ses *Histoires*, de rattacher la dynastie des sultans ottomans dont est issu Mahomet II aux dynasties de l'ancienne Grèce, au moyen des Persides et des Achéménides de Perse. « On sait (*on sait*, cela est bientôt dit) que les princes ottomans tirent leur origine de la famille des Achéménides et des Persides, de laquelle sont sortis, selon le rapport d'Hérodote, tous les rois de la Perse. Or les Achéménides et les Persides descendaient d'Achéménès et de Persée, et ceux-ci étaient des Grecs, issus de Danaüs et de Lyncée, lesquels étaient venus d'Égypte en Grèce, d'où, par la suite des temps, quelques-uns de leurs descendants, ayant émigré en Asie, s'établirent dans la contrée qui prit d'eux le nom de Perse. » C'est ainsi que Critobule établit la double filiation, persane et grecque, du vainqueur de Constantinople. D'autres écrivains, au rebours, n'ont pas hésité à faire de lui un Troyen, et des Turcs les descendants de Teucer; *Turci, Teucri*. Le moyen âge oriental n'est guère plus difficile que le nôtre en fait d'étymologies.

Mais, si l'assertion de notre auteur est contestable en fait, son intention du moins ne paraît pas douteuse. On devine qu'il a voulu en même temps adresser un compliment à Mahomet et lui recommander les Grecs par la communauté d'origine qu'il établit entre eux et leur vainqueur.

Bientôt, il est vrai, Critobule, sous l'influence d'une autre idée et attiré par ce charme des contrastes qui séduit les rhéteurs, n'hésitera pas à faire de Mahomet un pur Asiatique. C'est quand il nous montrera le Conquérant s'acheminant à travers la Phrygie avec son armée, et se détournant de sa route pour visiter les ruines de Troie : « Arrivé dans la plaine de Troie, il voulut faire le tour des ruines de l'ancienne ville, contemplant avec admiration la grandeur de son enceinte, la beauté et la commodité du site, qui réunit tous les avantages de la terre et de la mer. Il visita ensuite les tombeaux d'Achille, d'Ajax et des autres héros, dont il ne cessait de vanter les exploits, leur enviant leur bonheur d'avoir eu un poëte comme Homère pour en perpétuer la mémoire (1). Dans le même moment l'on dit (λέγεται, remarquez, il n'affirme pas) que, secouant la tête d'un air pensif, il s'écria : « Ainsi Dieu (ὁ Θεός) m'avait prédestiné pour être, après une longue succession d'années, le vengeur de cette cité et de ses habitants ! Car ne sont-ce pas des Grecs, les fils de ceux qui renversèrent ces murailles, ces Macédoniens, ces Thessaliens, ces Péloponnésiens, subjugués par mes armes, et qui devaient expier ainsi, par un juste retour, les maux que leurs ancêtres infligèrent alors, et souvent depuis (allusion aux croisades), à nous autres Asiatiques? »

Sans doute, lorsqu'il écrivait ce passage de ses *Histoires*, Critobule venait de relire dans Arrien, et peut-être dans ce 2ᵉ livre de Quinte-Curce que nous ne possédons plus, le récit de l'excursion d'Alexandre dans cette même plaine de Troie, et le beau passage du poëme de Lucain commençant par ces vers :

Sigæasque petit famæ mirator arenas...
Circuit exustæ nomen memorabile Trojæ.

(1) Καὶ ἐπῄνεσε καὶ ἐμακάρισε τούτους τῆς τε μνήμης καὶ τῶν ἔργων καὶ ὅτι ἔτυχον ἐπαινέτου Ὁμήρου τοῦ ποιητοῦ. Lib. IV, c. 11.

Il va sans dire que les historiographes ottomans, qui ont retracé presque jour par jour les faits et gestes du Conquérant, ne font nulle part mention de ce pèlerinage au tombeau d'Achille, non plus que de la longue harangue, composée en grande partie de centons de Thucydide, que le biographe met dans sa bouche au moment où fut décidé le siége de Constantinople. Ces réminiscences classiques sont fâcheuses chez un historien, en ce qu'elles ne permettent plus de distinguer dans son œuvre la limite exacte qui sépare la vérité de la fiction. Critobule, comme nous venons de le voir, n'y échappe pas toujours, et elles 'entraînent dans des redites, des contradictions, des hors-l d'œuvre qui nuisent à la clarté du récit en mettant en suspicion la bonne foi du narrateur. Tel est le cas pour Critobule, comme pour la plupart des autres historiens de la Conquête, Phrantzès, Ducas et Chalcocondyle, auxquels M. Müller néanmoins le tient supérieur. Il veut être véridique; il l'est la plupart du temps, de même qu'il ne s'écarte pas d'ordinaire, et de parti pris, de son sujet. Mais, si quelque objet sur la route vient à éveiller sa mémoire ou met son imagination en branle, il n'hésite pas à coudre à son récit, au risque de lui ôter de son crédit, un de ces lambeaux de pourpre dont parle Horace. Dans ces moments-là l'historien disparaît; le poëte ou le rhéteur reste seul.

Je m'arrête ici. Je ne pouvais avoir la prétention de donner une étude complète sur Critobule. Je n'ai voulu que présenter une vue générale de son ouvrage, en définir le caractère et la portée. Quant à l'ensemble des faits historiques dont se compose sa relation, le lecteur en trouvera un résumé très-exact et très-complet dans l'argument en latin placé par l'éditeur en tête de la Chronique, à qui il sert en même temps de sommaire et de table des matières.

PARIS
ADOLPHE LAINÉ
Imprimeur
rue des S.-Pères
19.

www.ingramcontent.com/pod-product-compliance
Lightning Source LLC
Chambersburg PA
CBHW060916050426
42453CB00010B/1753